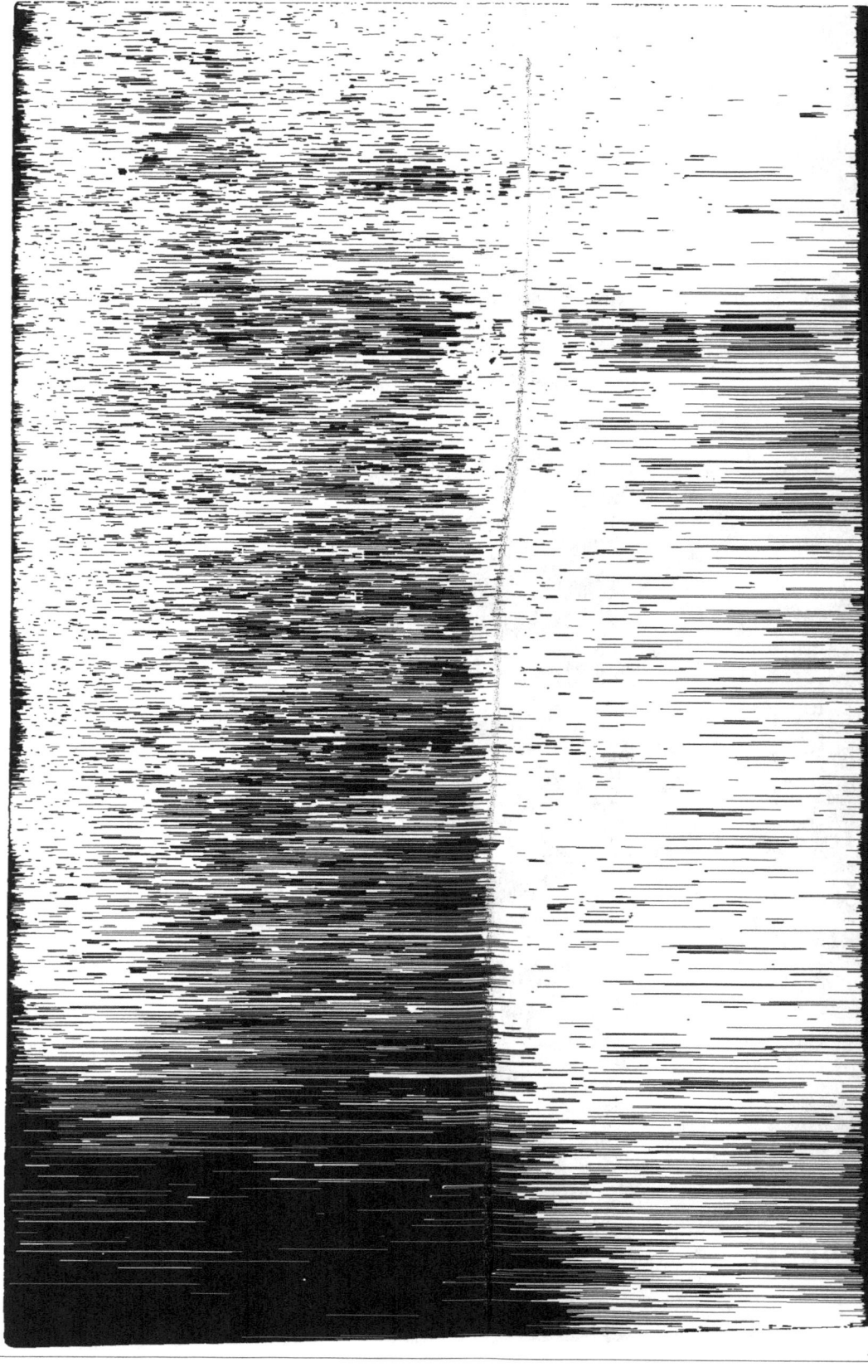

PANÉGYRIQUE

DE

SAINT HILAIRE

PRONONCÉ

DANS L'ÉGLISE DE SAINT-APHRODISE DE BÉZIERS

A L'OCCASION

DE LA BÉNÉDICTION D'UNE CHAPELLE & D'UNE STATUE

EN L'HONNEUR DU SAINT

LE 17 FÉVRIER 1877

par

l'Abbé CHRESTIA

MISSIONNAIRE

(du diocèse de Pamiers).

SE VEND AU BÉNÉFICE D'UNE BONNE ŒUVRE.

TOULOUSE	MONTPELLIER
chez	chez
GARRIGUES, libraire,	**CALAS**, libraire,
Rue Boulbonne.	Place de la Préfecture.

Montpellier, imprimerie de J. MARTEL aîné.

Unus Deus, una fides, unum baptisma.
Un seul Dieu, une seule foi, un seul baptême.
(Rom. 6, 4.)

Mes Frères,

Il est sur la terre des gloires et des grandeurs. La possession des biens que le monde recherche, l'apparat des fortunes, le faste de leurs richesses, la faculté de grandir son luxe en se couvrant de son or, voilà les grandeurs humaines.

Dans un ordre d'idées plus nobles et plus justes, ces grandeurs changent d'aspect. Ce sont les connaissances élevées, la culture de l'esprit, l'éclat du mérite, soit qu'il se fasse jour par le jeu de l'intelligence ou qu'il brille par celui des armes, les succès éclatants, les actions produisant les révolutions de l'idée et s'imposant aux générations : ces grandeurs portent un autre nom, le monde les appelle sa gloire.

Aux yeux de la foi, que sont, je vous le demande ces gloires et ces grandeurs ? Vains fantômes passant fugitifs et rapides comme celui qui les poursuit !... Mirage trompeur qui a toutes les apparences du beau et du vrai et n'offre à quiconque cherche sa trace que la réalité de l'illusion !... Aux yeux de la foi, ces grandeurs s'appellent faiblesse ; ces gloires revêtent comme un voile d'obscurité qui les cache ou les laidit. L'Apôtre les appelait la balayure du monde: *omnia ut stercora* (1). Le Christ cherchait ailleurs que sous le prestige du bonheur et de la joie la véritable grandeur : il la tenait en réserve sous le manteau de la souffrance et la consacrait par le martyre. Bien plus, il n'affirmait la vraie gloire, celle qui ne meurt pas, celle dont la gloire humaine n'est qu'une ébauche imparfaite, qu'au prix de l'épreuve et de la lutte : *Confessio fit ad salutem* (2).

C'est ainsi, Messieurs, que tous les êtres destinés à recevoir la couronne du Ciel durent la mériter par leurs œuvres accomplies sur la terre. Les droits d'entrée dans la patrie demandent cette violence de la volonté agissant sur la nature pour l'asservir, la frapper, et la réduire en la soumettant : *vim patitur* (3).

L'homme fidèle à suivre les voies de Dieu, jaloux de mettre en pratique ses maximes et ses leçons, devait donner une confirmation éclatante à ce principe de gloire et affirmer devant nous la

---

(1) Ad. Philipp. c. 3. § 8.
(2) 2 ad Cor., c. 7, § 10.
(3) S. Math., c. 11, § 12.

puissance et la vérité de cette parole divine. *Celui-là seul sera couronné qui aura légitimement combattu* (1).

L'Église, elle aussi, connaît l'épreuve. Pour l'amener à la gloire, à cette dernière des transfigurations où la lutte aura cessé, où l'expiation n'aura plus lieu d'être, où les âmes ne connaîtront plus que l'Eglise du triomphe et de la joie, Dieu la fera passer par le crible des tentations et des douleurs. Il permettra que, périodiquement, les siècles amènent le cycle des persécutions. Les complots se feront; les trames secrètes de conspirations infames seront ourdies contre elle. Des fils dénaturés et rebelles viendront mordre ses flancs et déchirer son sein.

Mais alors, autant pour la venger que pour assurer la gloire de ses défenseurs, il suscitera ces derniers, il les fera forts devant le Seigneur, forts devant le monde, forts devant l'iniquité; aux heures des détresses et des dangers essuyés par les âmes fidèles, Dieu enverra ces hommes. Il les destinera à défendre la foi en Lui et dans son œuvre, comme il les a destinés de toute éternité à la récompense immortelle de la grandeur qui ne s'éteint pas.

C'est ainsi, Messieurs, que si je dois parler de

(1) Tim. 2, 5.

l'œuvre ténébreuse entreprise il y a quinze siècles, au sein même de cette cité, contre le fils de Dieu, j'aurai le bonheur de montrer notre Seigneur Dieu venger son nom et sa divinité outragés, par l'organe et le ministère d'un homme qu'il avait préalablement mûri au contact de l'épreuve. Lui n'eut d'autre arme que sa foi en un seul Dieu : *unus Deus, una fides.* Sa foi et son courage appelaient la persécution. Il en fut digne et il la subit.

Aujourd'hui, de ses actes passés, la gloire consacrée par les siècles, par Dieu qui domine les siècles, demeure devant nous et s'impose à nous tous.

Sous l'inspiration de l'éminent Évêque dirigeant vos âmes, ma parole va préparer vos cœurs à entendre cette autre parole de cet Évêque (1) dont l'éloquence, la doctrine élevée, le cœur d'apôtre diront demain, dans tout l'éclat que mérite la foi active d'Hilaire, évêque de Poitiers et docteur de la sainte Église catholique, à quels titres le glorieux sujet de nos fêtes mérita et obtint la gloire du Seigneur.

A cette fin, je vous dirai tout d'abord quelle fut l'action de saint Hilaire sur son époque ; je dirai ensuite l'influence que ses actes doivent exercer sur notre société.

(1) S. G. Mgr. Besson, évêque de Nimes, Alais et Uzès.

I.

On était au IV° siècle. Après trois cents ans de persécution contre le nom chrétien, persécution entreprise et poursuivie par les Césars de l'époque, l'Église catholique commençait à goûter le calme qui suit l'orage, lorsque, jaloux de s'acharner contre l'œuvre de Dieu, l'implacable ennemi du divin Rédempteur des hommes suscita une nouvelle persécution beaucoup plus dangereuse, plus perfide, plus cruelle que la persécution du sang : ce fut la persécution de l'idée et des convictions saines et fidèles à la foi.

Au lendemain de son triomphe sur l'idolâtrie, l'Église se trouvait en présence d'ennemis nouveaux et non moins dangereux.

Arius d'Alexandrie avait forfait à l'honneur de la foi. Il s'était chargé du mandat satanique dont l'exercice devait de nouveau attacher l'Église au pilori de la douleur, et lui faire subir le martyre que donnent les ingratitudes et les défections.

Arius avait vécu comme vivent les traîtres. Il devait mourir comme meurent les Judas. Mais en mourant, son œuvre avait semblé prendre la vie que son maître abandonnait ; et celle-ci, sous l'effet de l'impulsion qu'elle avait reçue, avait tenté et opéré la séduction des bons. Elle s'était fait doctrine, elle n'était qu'un système. Elle s'était appelée une école, elle n'était qu'un mensonge. Ses adeptes l'appelaient vérité, l'Eglise la stigmatisait en la nommant hérésie.

Qu'était-elle au fond, Messieurs ? Quel était ce système ? Quelle était cette école ?... Rien autre chose qu'un système, qu'une école de négation, de servilisme et d'apostasie : trois hontes abritées sous un nom de guerre, triple tête de Gorgone se dressant, sifflant contre l'Eglise et Dieu, bavant devant leur autorité comme devant leur nom.

Toutes les fois que l'attaque se fait sentir, que la persécution est ouverte contre la foi, elle se fait contre le Christ, Fils de Dieu, Dieu et Homme tout ensemble. On comprend aisément que pour ébranler et renverser l'édifice dont on rêve la destruction, il faut saper la base et s'attaquer aux clefs de voûte d'où partent et auxquelles reviennent les arcs qui soutiennent l'ensemble. Et comme nous, Messieurs, les ennemis de l'Eglise et de la foi savent bien que Notre Seigneur Jésus-Christ est, lui, la colonne fondamentale, la base, le soutien de l'une et de l'autre comme il en est l'auteur. Ils savent que nier le Christ dans sa divinité, c'est arracher la croix du Calvaire, c'est nier le mérite découlant des œuvres de l'Homme-Dieu. Ils savent que nier la divinité de Jésus, c'est par cela même nier les conséquences de son incarnation, de son exil volontaire dans la vallée des larmes, de ses douleurs, de ses souffrances, de son martyre, de sa mort. Nier Jésus, Dieu et Homme tout ensemble, c'est nier la Rédemption accomplie pour le salut de nos âmes; c'est nier ce secours surnaturel et gratuit accordé aux fidèles catholiques, non point précisément à raison de leurs mérites personnels, mais bien *intuitu meritorum Domini Nostri Jesu-Christi*, en vertu des mérites de Notre Seigneur Jésus-Christ.

N'est-ce pas, en effet, ruiner de fond en comble toute l'économie des dogmes de la foi catholique? N'est-ce pas ouvrir, ériger, préconiser l'école de la négation?

Ah! nous l'avons bien vu et nous avons pu gémir en constatant, aux heures des insurrections entreprises contre l'Eglise, que les mandataires du mal ont, hier encore, nié le Dieu fait homme. La plume était leur poignard. Ils ont persécuté à leur façon. Ils n'en sont pas moins devenus les bourreaux pour les âmes, comme leurs devanciers l'étaient pour les corps.

Niez, niez toujours, sectaires du mensonge,

il restera toujours quelque trace de votre œuvre pour le malheur des âmes que vous aurez séduites et pour votre condamnation. Niez, misérables plagiaires du mal, vous n'empêcherez pas que l'Eglise et ses vrais fils s'inclinent toujours devant l'arbre de la Rédemption pour dire à sa victime : *Credo in unum Deum*, je crois en un seul Dieu, et ce Dieu c'est vous.

Pendant qu'Arius et les siens osaient se révolter contre Jésus-Christ, par une de ces inconséquences trop naturelles à l'homme vivant loin de Dieu, mais toujours permises par celui qui punit la superbe pour l'humilier, on les voyait s'agenouiller, ramper et s'aplatir devant la puissance humaine. Lorsque les hommes ne veulent plus de Dieu, Dieu les fait s'incliner devant leurs semblables.

De tout temps les pouvoirs de la terre se sont enorgueillis à certaines heures, ils semblent même vouloir reproduire les actes de Babel. Ils songent à escalader les cieux. Ils ont le sort des Titans de la Fable, sans avoir eu le prestige de leurs forces et de leur grandeur. Ils veulent détrôner Dieu pour n'avoir pas de puissance au-dessus de leur puissance, et c'est ainsi que, pour arriver à la divinité, ils essaient leurs moyens sur les représentants de Dieu.

Tout le secret des luttes ouvertes par les Césars contre l'Église de Jésus-Christ est là. Et s'ils sont coupables, comme ils sont ridicules dans leur folie, il est assurément des hommes plus coupables qu'eux : ce sont les courtisans du césarisme. Il en est encore qui sont plus odieux, — ceux-là mêmes qui ont érigé en système cette façon d'agir et qui ont élevé le servilisme à la hauteur d'une vertu.

Arius fut un de ces hommes. Et il trouva dans la personne du César régnant à Rome, un prince sans initiative personnelle, grisé par le pouvoir, ni assez mauvais pour faire le mal, ni assez bon pour l'empêcher, accessible à la flatterie, voulant peser sur l'exercice du pouvoir spirituel, le mettre en sous-ordre de son autorité, si bien que, dans le fait, Constance accueillit Arius; et, grâce à l'obséquiosité calculée de l'hérésiarque, le César fit plus de mal à l'Église que Sapor n'en faisait avec ses mages, Julien avec ses philosophes et ses rhéteurs.

Enfin, un dernier caractère de ces menées honteuses se détachait du milieu dans lequel l'arianisme se mouvait : c'était l'apostasie. L'hérésiarque brûlait à la face de Dieu et de ses prêtres ce qu'il adorait la veille ; il adorait ce que la veille il avait délaissé et peut-être flétri.

Les lois de Dieu sont ainsi faites, Messieurs :

Quelques crimes toujours précèdent les grands crimes.

L'apostasie est le fruit des ingratitudes et des crimes consommés par la vie. L'Écriture l'avait annoncé : *Abyssus abyssum invocat* (1).

Tel était donc [l'affreux complot dont Arius avait formé les premiers nœuds. Comme un immense réseau, il couvrait déjà l'Orient, et l'observateur eût pu craindre qu'il ne s'étendît, pour l'enserrer dans ses mailles, sur l'Occident tout entier, si la voix du maître n'avait plané sur les âmes pour résonner près d'elles et leur dire la parole de la consolation : *Nolite timere.*

Dieu, en effet, n'abandonne pas les siens. Il avait suscité un homme, un défenseur. Il l'avait retiré du sein même du paganisme, comme autrefois il s'était plu à en retirer Paul. Il l'avait rempli de la lumière de son amour, pour que par celle-ci il pût jeter les divines lueurs de la vérité et de la foi au sein des ténèbres du temps. Il lui donna la science, la sagesse et la force, tous dons de son Esprit. Il l'avait ainsi armé pour la lutte ; il l'éleva au siége épiscopal de Poitiers : et, lorsqu'il eut fini son œuvre sur son élu, lorsqu'il en eut fait un gardien de la foi, un pasteur des peuples, il en fit

(1) Ps. 41, 8.

l'athlète de sa doctrine et de son œuvre, un chevalier de Jésus-Christ, il en fit un héros.

Hilaire tenait à peine depuis quelques années le bâton pastoral, qu'il sentit un impérieux besoin de rechercher les ennemis de l'Église pour les combattre et les frapper. Il les vit tous en reconnaissant l'un d'eux. Tous les démons de la conspiration ouverte contre Dieu avaient centralisé leurs efforts; ils s'étaient en quelque sorte fondus en un seul. Et celui-ci, se dressant en face de la foi, semblait appliquer à lui-même le nom de démon que l'Évangile stigmatise. Il était légion.

Hilaire le mesura du regard. Tel que David allant combattre Goliath, sous l'inspiration de Dieu, il s'avança. Lui aussi avait sa fronde: David avait placé dans la sienne trois pierres du chemin; Hilaire plaça trois paroles sur ses lèvres, et marchant contre le Goliath qu'il voulait terrasser, il jeta à sa face, comme un glorieux défi, ces paroles inspirées de Dieu: *Unus Deus, una fides, unum baptisma,* un seul Dieu, une seule foi, un seul baptême. On ne pouvait mieux réfuter, persiffler, combattre, anéantir le fond même de l'arianisme que par les paroles de saint Paul.

L'arianisme niait la divinité de Jésus-Christ; Hilaire l'affirmait. L'arianisme adulait et encensait les Césars; Hilaire, sans rien retrancher de la soumission que les préceptes divins commandent et nous apprennent à donner au pouvoir, quel qu'il soit, lui parlait avec l'indépendance du droit à sauvegarder et du devoir rempli. L'arianisme apostasiait, Hilaire affirmait sa fidélité pour l'Église et son Dieu.

L'indépendance de sa foi en Jésus-Christ, l'indépendance de la doctrine, l'indépendance du caractère, tel fut son cri de guerre, telle fut son affirmation ; tels furent les moyens par lesquels il atteignit, pour la terrasser et la vaincre, la plus monstrueuse, la plus perfide des hérésies que les siècles devaient enfanter.

Ici, pour vous mieux dépeindre par quelles voies il assura la victoire, celle de l'Église dont il était le mandataire et le champion, je suis forcé de recourir à lui-même.

Pour faire éclater la vérité, il démontre en termes victorieux la suréminence de la foi sur la raison humaine. Il s'inspire de son amour pour Dieu, et ne faisant dépendre ses idées que de la puissance de ce même Dieu, il écrit un admirable traité de la Trinité.

Là, nous le voyons s'élever à des hauteurs auxquelles l'intelligence humaine ne saurait arriver par ses propres forces. Il entr'ouvre le sein même de la Trinité adorable. L'Esprit de Dieu avait dit : *Generationem ejus quis enarrabit?* (1) Qui dira sa génération ? Et lui, Hilaire viendra dire la génération du Verbe fils de Dieu.

Il affirme la coexistence éternelle du Père, du Fils et du Saint-Esprit ne formant qu'un seul et même Dieu, dans la gloire, dans la majesté, dans l'immensité, dans tous les attributs.

Le Rhône, qui fertilise les terres de Provence, a, dans le cours de ses flots, des audaces que rien n'arrête. Ainsi, la parole d'Hilaire s'en ira par le monde. Lorsque saint Jérôme en aura reçu les échos, il se souviendra des audaces et de l'impétuosité des flots du Rhône, et saluant saint Hilaire, il l'appellera le Rhône des Gaules : *Rhodanus Galliarum.*

Sous les flots de cette parole impétueuse et forte, l'hérésie dut sentir qu'elle avait un vainqueur. Elle fut frappée, blessée, elle se prit à chanceler. La voix d'Hilaire passa près de sa tête, forte comme un tonnerre, éclatante comme un cri de victoire. Elle disait : Le Père est Dieu, le Fils est Dieu, le Saint-Esprit est Dieu. Comme lui, Athanase l'avait dit : *Deus Pater, Deus Filius, Deus Spiritus Sanctus, et tamen non tres Dii, sed unus est Deus.*

---

(1) Isaîe. c. 53, ỹ. 8.

Ce ne sont pas trois Dieux, c'est un seul et même Dieu. Saint Paul avait dit ce qu'Athanase et Hilaire disaient : *Unus Deus*.

Néanmoins, le défenseur de l'Église n'avait pas atteint son but. Il fallait non-seulement blesser l'hérésie, mais la frapper à mort et par suite l'atteindre dans tous ses moyens d'expansion. Il ne fallait pas deux autels, deux pouvoirs, deux centres de direction et d'autorité, deux professions de foi dans l'Église : *Una fides*.

Or, ainsi que je le disais, l'hérésie élevait devant le pouvoir spirituel de l'Église le pouvoir de l'État. Elle s'avançait, marchant en sous-ordre, sous la bannière du césar, satisfaite de faire prévaloir ses systèmes, au prix du servilisme et de la lâcheté. Elle inaugurait ainsi ce honteux mariage du césarisme et du sacerdoce asservi, d'où devaient naître les religions d'État.

Hilaire sauvegarda l'indépendance de la doctrine et du caractère. Il écrivit plusieurs lettres à l'empereur. Quels accents, Messieurs ! quel langage ! Il invite le césar Constance à ouvrir les yeux à la vérité. Il le prie de laisser dans le calme les évêques fidèles à l'enseignement de Dieu. Et lorsqu'il aura reconnu l'inutilité de ses prières, il parlera de nouveau. Écoutez, Messieurs :

« Il est temps de parler, puisque le temps de

se taire est passé. Attendons le Christ, puisque l'Antéchrist domine. » Savez-vous qui il appelle Antéchrist ? « Plût à Dieu, continue-t-il, que Notre-Seigneur m'eût donné de le confesser lui et son Fils unique au temps de Néron et de Décius !.... Je n'aurais redouté ni la croix , ni le brisement des os..... Contre des assassins avoués, j'aurais combattu avec bonheur. Mais, maintenant, nous avons à combattre contre un persécuteur qui trompe, contre l'Antéchrist Constance.... Eh bien ! Constance, je dis à toi ce que j'aurais dit à Néron et à Décius ; tu persécutes les Saints, tu te fais tyran, non pas dans les choses humaines, mais dans les choses divines... » (1).

Une telle indépendance, une telle fierté rappelait Cyprien devant les barbares. Ceux-ci n'avaient pas encore vu un évêque. Constance, césar de l'empire, n'avait pas vu Hilaire.

En vain le persécuteur avait essayé de faire prévaloir sa puissance, le saint Evêque n'avait eu qu'une parole, et comme il avait dit devant l'hérésie : *unus Deus*, il s'écria devant le césar : *una fides*.

Hilaire parlait ainsi du fond même de l'exil, et sa lettre, comme ses ouvrages, n'était que la

(1) Hil. 3. ad Const., edit. Benedict.

confirmation de la foi ardente et courageuse dont la défense lui avait attiré les colères de la cour, en lui donnant les tristesses de la séparation que peut bien éprouver l'exilé d'une patrie, mais que ressent plus encore un pasteur séparé des siens.

Dieu l'avait ainsi voulu. Evêque et docteur, Hilaire put ajouter à ces deux couronnes de l'épiscopat et de la science *des choses qui sont de Dieu*, la couronne de la persécution. Celle-ci, loin d'avoir abattu son courage, avait excité sa fierté, et c'est ainsi qu'après avoir fait de son bâton pastoral le bâton du pèlerin, il s'était plu à aimer son exil pour apprendre à ses frères à rester dignes de leurs prérogatives et de leur titre d'enfants de Dieu.

Sur cette terre, on est jaloux de l'honneur du nom, on sacrifie beaucoup à l'honneur du sang; on élève au-dessus de tout autre principe ce principe que l'on appelle l'honneur de la famille et des traditions. Il était pour Hilaire un honneur plus cher que tous ces divers honneurs : l'honneur de Dieu. Il n'avait pas livré son Christ. Il n'avait pas davantage livré sa foi. Il ne livra pas son nom, son nom dont il avait hérité par le baptême, son nom dont il avait reçu le dépôt, son nom qui le faisait le fils de l'amour et des tendresses divines par le cœur et le sacerdoce, son nom qui le faisait le dépositaire de Dieu et le *cohéritier de Jésus-Christ.*

C'est ainsi, Messieurs, qu'Hilaire ne connaîtra pas les hontes de l'apostasie. Reconnaissant pour les dons qu'il a reçus du Ciel, il les gardera, prêt à les répandre dans les cœurs en répandant sa charité, et des rives de la Phrygie il pourra s'écrier : « J'ai gardé le dépôt de la foi ; j'ai combattu le bon combat ; la couronne de la justice me sera réservée à la suite : *Fidem servavi, bonum certamen certavi, in reliquo reposita est mihi corona justitiæ* (1). »

Un jour pourtant il reviendra. Poitiers lui ouvrira ses portes, les fidèles l'acclameront, les prêtres ne pleureront plus l'absence d'un pasteur, l'Église chantera avec ses prêtres, le deuil aura fait place à la joie du retour. Et lorsque la mort aura couché dans le tombeau cette belle existence, quinze siècles écoulés sur le théâtre même des persécutions dont il aura été le martyr, au sein même de cette province, témoin des pieuses audaces de saint Hilaire, Béziers lui ouvrira le berceau où elle naquit à la foi ; les arcs de triomphe seront dressés et parés, les guirlandes de feu embrasseront les colon-

(1) Ad Timoth., c. 4, ⚜ 8.

nes du temple, les oriflammes flotteront au vent, la cité sera en fête, les prêtres chanteront au ciel, les évêques viendront unir leur voix à la voix des fidèles, pour exalter la mémoire de leur frère du passé, d'Hilaire docteur et martyr de l'exil. Et tous diront en chœur ce que le Saint disait à la face du monde et des Césars :

Unus Deus, una fides, unum baptisma.

II.

Il me reste à dire ce que les actes de saint Hilaire nous apprennent, quelles sont les conséquences de son intervention si courageuse et si chrétienne, ou, pour mieux dire, quelles leçons il vient donner à notre société.

Je n'aurai pas à chercher bien loin de cette vieille basilique ~~les restes~~ *la raison* de cette nouvelle influence du Saint.

Là, dans une de ces chapelles rendue à son antique splendeur, là sur cet autel et devant ces images de Saints, là où la Providence s'est plu à guider le cœur des nobles et augustes inspirateurs de nos fêtes, le doigt de Dieu a gravé l'énigme de ses mystères : *Digitus Dei est hic* (1).

Dieu a voulu que le défenseur de ses droits sur la terre fût placé dans son image au-dessous de cette autre qui nous montre le défenseur de ses droits dans le ciel (2).

Hilaire et Michel ! Quels noms, mes Frères !

---

(1) Exod. 8, 9.
(2) Dans la chapelle dédiée à saint Hilaire et au-dessus de la statue du saint Docteur, une belle verrière représente l'archange saint Michel terrassant le démon.

Quelles gloires ! Saluez-les : vous saluerez les soldats de Dieu, les combattants du Très-Haut. Tous les deux ont eu leur glaive. Celui-ci eut le glaive de l'Archange, l'autre eut le glaive de la parole. Sous de tels noms, n'aurons-nous pas celui de l'espérance? *Gladium spei.*

Hilaire et Michel! deux athlètes de Jésus-Christ. Michel défendait le Fils de Dieu devant les anges, Hilaire le défend devant les hérétiques, bénissons-les !

Hilaire et Michel! Quels Saints, Messieurs! Michel émeut les phalanges célestes, les fait ployer dans l'adoration devant le Fils de Dieu ; Hilaire émeut l'Occident, rappelle les âmes séduites, les fait chanter gloire et amour à Jésus-Christ Dieu et homme tout ensemble. Aimons-les, Messieurs !

Oui, ce sont des soldats dignes de leurs titres. Il est, dit-on, de la nature du soldat d'attaquer et de défendre. Hilaire apparaissant à nouveau au sein de votre cité vient revivre chez vous. C'est un Évêque ramené par un autre Évêque, dont la piété et le cœur lui vont donner la réparation à ses douleurs passées, l'amende honorable pour les injustices dont on l'a couvert, la gloire vraie pour le faux opprobre au moyen duquel on avait essayé de le ternir.

Hilaire est donc devant vous comme il était

devant son siècle : *Adhuc loquitur*. Les échos de sa voix ne sont pas affaiblis. Que dit-elle ? que fera-t-elle ?.... L'œuvre du soldat. Il attaquera et il défendra. Il attaquera chez nous, Messieurs, ce qu'il attaquait à son époque.

La société contemporaine ne semble pas meilleure que celle que flétrissait Hilaire ; peut-être même sommes nous plus mauvais.

> .... *Pejor avis*
> ...... *tulit nos nequiores* ......

Chez nous aussi il est une école de négation. Chez nous on a connu le servilisme et on l'a nourri, chez nous l'apostasie a retrouvé ses droits.

Ah ! voilà bien sur quelles hontes l'influence et les leçons d'Hilaire doivent se faire sentir. Plus coupables que ces prétendus sages d'outre-Rhin érigeant le doute en dogme philosophique, jaloux de les devancer dans la science moderne, des hommes se sont rencontrés qui ont osé et pu nier tous les principes, toutes les vérités, les faits acquis eux-mêmes. La haine de Dieu et de son Église les inspire. L'Église était une école d'affirmation, ils placèrent en face d'elle une école de négation, et dès-lors, de parti pris et par système, ils nièrent tout ce qu'elle affirmait. Aussi cherchez les grands principes conservateurs, soit que de leur nature ils s'appliquent à l'homme, aux destinées des âmes ou simplement de la société moderne, vous n'en trouverez pas. La vertu n'est plus qu'un mot ... pour ces réformateurs. Vertu de la foi, un mot; vertu de la pensée et de l'idée sagement contenue, un mot; vertu du sang, un mot. Où donc le respect, la tradition, l'autorité? Tout cela, c'est vertu. Et la vertu est niée, on n'y croit pas. On ne croit pas plus à autre chose, du reste: on ne veut croire qu'au néant, et on ne le peut pas.

Voilà pourquoi, sur tous les points du globe, on se prend à attaquer Dieu. On nie sa puissance, on nie ses mystères; on nie l'immortalité dont il est le principe et le centre, on nie la vie future, on nie tout, en un mot.

Ah! d'autres que vous ont essayé, sectaires du mal, d'autres ont entrepris l'attaque contre Dieu. Ils voulaient, eux aussi, renverser cet édifice, cette société visible qui a nom l'Église et qui fait vos effrois. Ils allèrent chercher *des démons plus méchants qu'eux-mêmes.* Ils dirent : *Revertar,* je reviendrai à l'attaque. Ils revinrent, mais, au retour, il se heurtèrent contre la pierre fondamentale qu'ils voulaient soulever et arracher. Et la pierre devint plus que jamais la base de l'Église, de la croyance, de la foi. Et cette pierre était le Christ : *Lapidem quem reprobaverunt, hic factus est in caput anguli....* (1). *Petra autem erat Christus* (2).

La foi dans le triomphe pour l'avenir n'empêche pas l'émotion douloureuse que donne l'empire de la négation. Il est triste de le voir dominer dans ses écoles, dans ses théâtres, dans ses représentants, et ce qui ravive cette douleur première, c'est de voir une nouvelle plaie ronger les âmes pour mieux faciliter l'œuvre du mal.

A côté de la négation devenue doctrine se dresse, en effet, un nouvel écueil. Lentement et savamment détachées de Dieu, les âmes s'habituent à ne voir l'autorité que là où elle tombe sous les sens, et dès-lors, laissant le vrai Dieu dans les sphères du Ciel où on consent à le placer, elles s'inclinent devant les pouvoirs de la terre en leur donnant la foi que l'on refuse à Dieu.

Ah! Messieurs, nous devons obéissance aux pouvoirs humains, et cette sujétion est voulue par l'esprit de Dieu. Mais, lorsque le pouvoir est ici et qu'il est là, et que ces divers pouvoirs n'ont d'union que pour attaquer la foi dans le cœur des petits enfants, des épouses et des mères, que pensez-vous d'un peuple fier de ces attaques et tranquille sur l'avenir?

(1) Ps. 117, 22.
(2) 1 Cor. 10, 4.

Ce peuple, Messieurs, est le peuple asservi : c'est l'esclave n'ayant de forces que pour traîner sa chaîne. Et voilà pourquoi encore il est bon que, de nos jours, Hilaire reparaisse pour flétrir le servilisme ; il faut qu'il ait ses imitateurs et ses fidèles prêts à défendre la foi attaquée, l'Église menacée, Dieu insulté et mis au ban des sociétés. Il faut des hommes qui puissent dire : C'est assez des persécutions et de martyres : *Non licet* (1).

Je ne l'ignore pas, Messieurs, cela, c'est de l'indépendance. C'est l'indépendance chrétienne. C'est la liberté fière et raisonnable. C'est l'indépendance des enfants de Dieu. C'est elle, Messieurs, que vous devriez poursuivre. C'est elle que la foi préconise et vous demande. C'est elle que je cherche. Nous ne la trouvons pas, voire même chez les vulgarisateurs de libertés... En revanche, nous voyons sa parodie, sa contrefaçon..... Nous ne trouvons plus qu'un affaiblissement digne de pitié dans les idées, dans les volontés ; dans les divers actes de la vie on ne peut plus, on ne sait plus, on n'ose plus vouloir. La force de caractère n'existe plus parce que les caractères se sont abaissés et livrés à l'homme qui est faiblesse, en s'éloignant de Dieu qui donnait le courage et dispensait la force.

(1) Joan., c. 18, ý 31.

Avec Hilaire, relevons-nous, Messieurs, et, pour reconnaître la puissance de l'homme, souvenons-nous qu'il en est une au-dessus de la sienne : *unus Deus*, celle de Dieu.

C'est chose d'autant plus nécessaire que nous éviterons la honte attachée à l'apostasie. C'est là encore une punition envoyée par Dieu à toute nation oublieuse de ses devoirs. Je pourrais vous dire que, sur bien des points de notre patrie, les apostasies se consomment tous les jours. Les fils ne connaissent plus les pères et rougissent de leurs vertus ; les familles brisent les chaînes des traditions chrétiennes, et dispersent dans les fausses joies du vice le dépôt sacré des vertus héréditaires; les nations elles-mêmes mentent à leur passé de grandeur chrétienne et de fidélité aux principes de foi. Chaque être semble briguer les titres de l'apostasie, et, pour les mériter, chacun se plaît à persécuter le bien, l'honneur et la vertu.

Et vous ne voulez pas, Messieurs, que l'on redresse une société aussi follement coupable ! Vous ne voulez pas que l'on recherche, pour les flétrir, les causes de ces anathèmes dont nous sommes frappés et dont nous souffrons tous ! Vous ne voulez pas que le prêtre institué pasteur des âmes ne veille pas sur ces mêmes âmes, pour leur montrer le péril social et garantir leur foi !

Eh bien ! détrompez-vous, dirai-je aux ennemis de mon Christ et de son Église. Le temps des gémissements et des supplications stériles passera. Les temps de la lutte se feront encore, et lorsqu'ils se feront, les prêtres seront là. Hilaire attaquait les ennemis de l'Église, nous les attaquerons à son exemple, non point en répondant au sang versé par le sang versé, au crime par la vengeance, mais par l'affirmation haute et ferme de notre foi en Dieu, Père, Fils et Saint-Esprit, mais par notre guerre faite au servilisme des grands et des puissants, ennemis de Dieu, par notre indépendance dans le caractère comme dans la foi. Nous les attaquerons en répétant comme ce martyr des vieux siècles, répondant au proconsul qui l'interrogeait : *Christianus ego sum.* Je suis chrétien, c'est là ma noblesse, mon honneur, ma gloire.... Je n'apostasie pas! Nous les attaquerons enfin en redisant comme saint Paul : *Unus Deus, una fides, unum baptisma.* C'est ainsi, du reste, qu'Hilaire défendait l'Église. C'est ainsi que nous défendrons nos droits.

L'affirmation de Dieu, en nous prosternant devant sa majesté, l'adorant en prières, le bénissant dans ses œuvres, le suppliant dans la personne du Père, dans celle du Fils, dans celle du Saint-Esprit, et proclamant l'unité dans la Trinité : *Unus Deus.*

L'affirmation de la foi, en restant fidèlement attachés à son représentant sur la terre, à la chaire de Pierre, au pontife infaillible, vicaire de Jésus-Christ, en sauvegardant le caractère, la dignité humaine, les droits du sacerdoce vis-à-vis des tentateurs du siècle cherchant à les abaisser ou à les trahir : *Una fides.*

L'affirmation de nos titres et de nos espérances, en demeurant les fils de Dieu : *Unum baptisma.*

Telle fut la profession de foi de saint Hilaire devant les puissances conjurées du monde et de l'enfer. Telle doit être la nôtre à cette heure, où tout semble appeler notre ruine, où les détracteurs de la vérité unissent leurs efforts pour la réduire au silence.

Comme le saint Évêque de Poitiers, ayons le courage de la protestation ; ayons, au besoin, celui de la lutte. Nous le puiserons dans notre Maître, dans la foi, dans une vie digne des promesses qu'elle nous donne et de celui qui en est le Dieu.

Ce jour-là, nous *serons les forts.* Nous aurons victorieusement *combattu contre l'antique serpent.* Nous aurons imprimé à notre société les leçons et les enseignements des Saints. Souffrez donc, Messieurs, que j'appelle sur vos têtes cette heure de rénovation. Je la vois déjà se faire par vos actes, par votre foi pratique, par le sacrifice et la volonté. Je salue en cette œuvre nouvelle, faite d'espérance et de vie, l'œuvre d'Hilaire, et m'inclinant devant sa gloire, l'effet de ses exemples et de ses paroles, je m'écrie :

Hilaire ! la mémoire des Saints n'est pas comme celle des grands du monde. *Elle ne meurt pas dans le bruit.* Elle vit avec les siècles et elle ne peut mourir. Les hommes t'avaient chassé, les hommes te rappellent. Les Évêques de la sainte Église te dressent des autels. Ici même où tu fus méconnu dans ton langage d'amour et de vérité, ils vont t'acclamer et te chanter !

Il fallait une voix digne de ta grandeur. Ton successeur sur le siége que ton passage immortalisa dans la gloire, l'aurait de nouveau consacrée si la douleur que suit le deuil le plus légitime n'avait voilé sa parole (1). Un autre viendra non moins digne de toi; lui aussi vengera ta mémoire, et nous nous souviendrons, en écoutant sa parole, de ta parole et de tes accents émus (2).

Tu auras tes vengeurs.... ils seront là, devant tes glorieux restes pour prier Dieu par ton intercession. Ah ! je les vois déjà ! et cet Évêque dont le cœur et le zèle sont connus de la cité entière

(1) S. G. Mgr. Pie, évêque de Poitiers.
(2) S. G. Mgr. Besson, évêque de Nimes.

d'où il était sorti dans la peine, où il revient dans la joie (1), et cet Évêque qui, jaloux de resserrer les liens de deux églises sœurs et voisines, va devenir l'écho fidèle de celui qui l'inspira.

Je les vois, mes Frères, répondant à l'appel du premier Pasteur de vos âmes, et je répète, en les voyant ces mots de l'Ecriture : *Hi sunt... olivœ et.....* (2) *candelabra*. Ils viennent répandre la lumière de leur doctrine, de leur foi, et donner le calme qui suit la paix.

O Hilaire ! ô père, ô docteur, ô saint ! sois donc béni dans tes œuvres, sois béni dans tes fils. Ceux-ci font ta couronne, ta gloire et ton cortége. Du haut des cieux daigne aussi les bénir.

Et maintenant, mes Frères, s'il m'est permis, en terminant, d'émettre et de rendre la dernière pensée qui m'anime, il me souviendra d'une légende chère aux vieux Bretons.

Il est raconté qu'à la suite des irruptions successives faites en Bretagne, les Normands avaient ravi les reliques de saint Wuillaume (3) et les avaient portées dans l'Anjou. Et lorsque les flots de l'invasion se furent retirés, lorsque la paix revint à naître, de pieuses mains recueillirent les

(1) S. G. Mgr. Ramadié, archev. d'Alby.
(2) Apoc. IV, 8.
(3) *Lisez* : Saint-Brieuc.

ossements du saint et ceux-ci furent solennellement portés dans la vieille basilique que la piété des fidèles lui avait consacré.

Or, il est dit que, près d'entrer à nouveau dans le saint temple, les ossements du saint Wuillaume se prirent à tressaillir.

Eh bien ! Messieurs, je ne sais si, sur la terre, les ossements d'Hilaire vont tressaillir de joie; mais ce que je sais bien, c'est que, du haut des cieux, à la vue d'une cité se mouvant et accourant vers lui, à la vue de cet élan religieux de vos âmes, à la vue de ce cortége de gdèles, de prêtres et de prélats, Hilaire appellera les Saints, il viendra lui-même avec notre Dieu pour bénir cet autel, ce temple, son pasteur. Il descendra chez vous, messieurs, pour y laisser, jusqu'à la fin du temps, avec son image, son protectorat et son amour.

Amen!

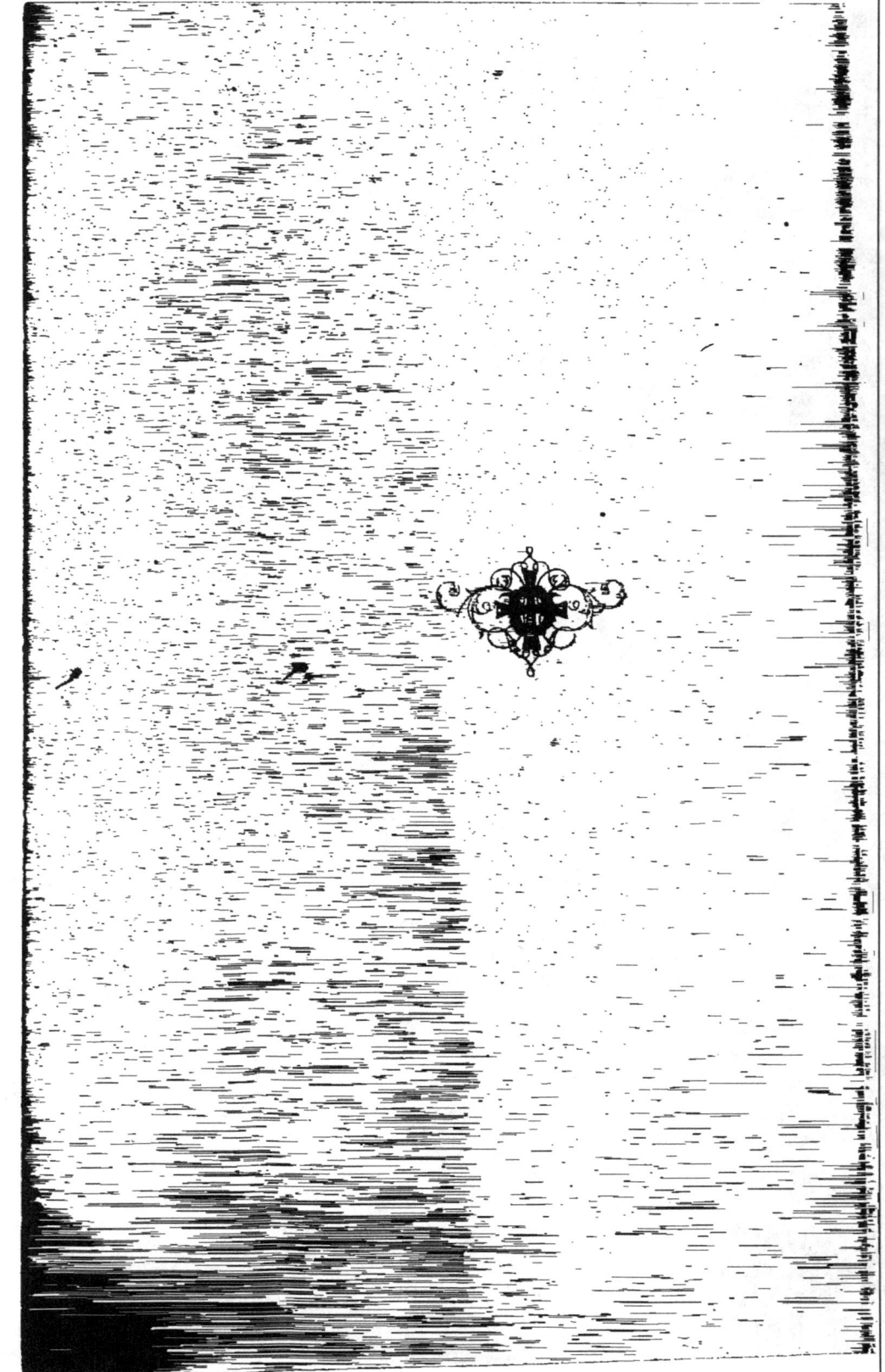

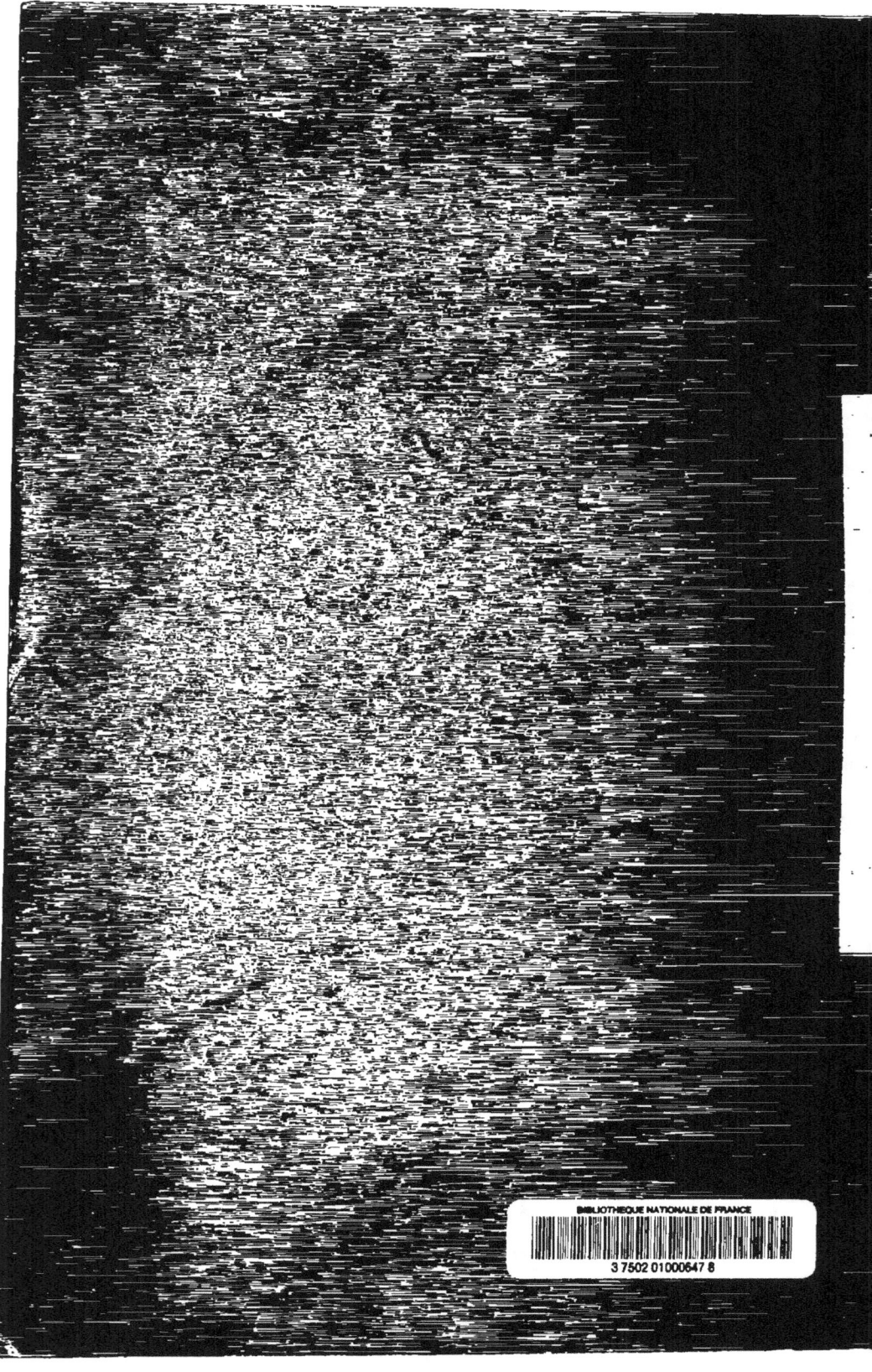

www.ingramcontent.com/pod-product-compliance
Lightning Source LLC
Chambersburg PA
CBHW060506050426
42451CB00009B/846